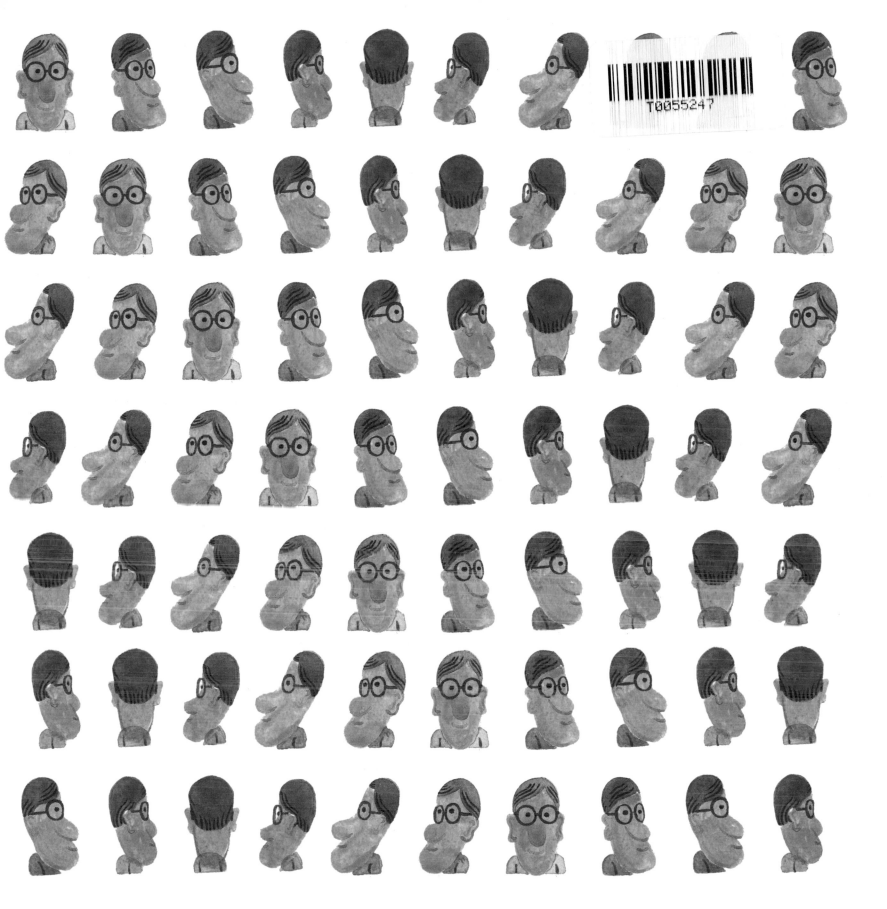

T0055247

Con la colección Unicornio, desde Vegueta queremos realizar nuestra particular aportación al proyecto universal más apasionante que existe, el de la educación infantil y juvenil. Como una varita mágica, la educación tiene el poder de iluminar sombras y hacer prevalecer la razón, los principios y la solidaridad, impulsando la prosperidad.

Genios de la Ciencia, la serie de biografías de científicos e inventores, pretende aproximar a los niños a aquellos grandes personajes cuyo estudio, disciplina y conocimiento han contribuido al desarrollo y a la calidad de vida de nuestra sociedad.

Guía de lectura:
¿Deseas saber más sobre Stephen Hawking y su época?

Ⓠ Encontrarás citas del protagonista.

⚛ Obtendrás información más detallada.

Textos: **Jorge Alcalde**
Ilustraciones: **Miguel Pang**
Diseño: **Sònia Estévez**
Maquetación: **Laura Swing**

© Vegueta Ediciones
Roger de Llúria, 82, principal 1ª
08009 Barcelona
General Bravo, 26
35001 Las Palmas de Gran Canaria
www.veguetaediciones.com

ISBN: 978-84-17137-38-0
Depósito Legal: B 10966-2019
Impreso y encuadernado en España

Cualquier forma de reproducción, distribución, comunicación pública o transformación de esta obra solo puede ser realizada con la autorización de sus titulares, salvo excepción prevista por la ley. Diríjase a CEDRO (Centro Español de Derechos Reprográficos) si necesita fotocopiar o escanear algún fragmento de esta obra (www.conlicencia.com; 91 702 19 70 / 93 272 04 45)

GENIOS DE LA CIENCIA

STEPHEN HAWKING

LA ESTRELLA MÁS BRILLANTE DE LA CIENCIA

TEXTOS **JORGE ALCALDE**
ILUSTRACIONES **MIGUEL PANG**

Vegueta  Unicornio

¡HOLA!

No me puedes ver, no soy ni una persona ni un animal.
Mi nombre es ACAT y soy un sistema de simulación de
voz. De hecho soy el programa de voz más famoso del
mundo porque fui la voz de Stephen Hawking, uno de los
científicos más conocidos de la historia. Desde jovencito
Stephen sufrió una enfermedad que le deterioraba los
músculos del cuerpo. No podía moverse y necesitaba
la ayuda de una máquina para respirar. Solo tenía un
«músculo» que le funcionaba perfectamente: el cerebro.

Como Stephen apenas podía mover un poquito los ojos
y el cachete, miraba la pantalla de un ordenador y este
identificaba las letras que quería escribir. Entonces yo
convertía esas letras y palabras en frases habladas.
Creo que, si fue capaz de enseñarnos algunos de los
secretos más íntimos del universo fue, en parte, gracias
a que le ayudé a comunicarse con el mundo.

Estoy seguro de que me tenía un afecto especial.
Para mí fue un honor trabajar para Stephen Hawking,
el científico que, superando su inmovilidad, mejor
comprendió la maquinaria oculta del universo.

⚛ El sabio en silla de ruedas

Stephen Hawking pasará a la historia de la ciencia por su imagen en una silla de ruedas. Desde joven padecía una enfermedad llamada ELA (Esclerosis Lateral Amiotrófica). Es una enfermedad que afecta a las neuronas que se encargan de dar las instrucciones para mover los músculos. Los científicos llevan años buscando una forma de curarla pero, por desgracia, aún no la han encontrado.

⚛ Galileo

Cualquier persona que estudie el universo sabe quién es Galileo Galilei, el astrónomo que provocó una de las mayores revoluciones científicas. Vivió entre los siglos XVI y XVII y consiguió descubrir objetos en el cielo nunca vistos gracias a que perfeccionó el telescopio. Con sus observaciones pudo establecer las primeras leyes científicas para explicar cómo se mueven las estrellas y los planetas en el espacio.

Te contaré cómo empezó todo. Stephen William Hawking nació el 8 de enero de 1942. Y ya la fecha de nacimiento supone una coincidencia increíble porque ese día se cumplían exactamente 300 años de la muerte de Galileo, uno de los astrónomos más famosos de la historia.

Imagínate que tú naces el mismo día que un gran pintor, una gran deportista o un famoso cantante y terminas convirtiéndote en pintor, deportista o cantante... ¿No creerías que hay algo mágico en tu fecha de nacimiento? Hawking quizás pensaba lo mismo. No lo sé... Pero lo cierto es que estaba destinado a ser otro de los astrónomos más importantes, igual que Galileo.

Stephen nació en Oxford, una ciudad de Inglaterra famosa por tener una de las mejores universidades del mundo. En realidad sus padres eran de Londres, pero se mudaron porque en 1942 aquella era una ciudad muy peligrosa. En plena Segunda Guerra Mundial, los aviones alemanes la bombardeaban constantemente, por lo que la familia Hawking decidió trasladarse a un lugar más seguro.

Sus padres se dedicaban a la medicina. Frank, el padre, estudiaba parásitos. Isobel, la madre, había estudiado Filosofía, Política y Economía, pero trabajaba en las oficinas de un gran hospital. Stephen era el mayor de tres hermanos y todo parecía indicar que terminaría siendo médico. Pero las cosas se torcieron un poquito.

 **Londres en guerra**

La capital de Inglaterra fue duramente castigada durante la Segunda Guerra Mundial. Duró desde 1939 hasta 1945. Todas las naciones implicadas se agruparon en dos bandos: los aliados (con Inglaterra, Estados Unidos, Francia y Rusia a la cabeza) y el Eje (liderado por la Alemania de Adolf Hitler).

Parásitos

Microorganismos que entran en el cuerpo y pueden producir enfermedades.

○ «Mira siempre a las estrellas y nunca a tus pies. Trata de encontrar sentido a lo que ven tus ojos y pregúntate por qué existen las cosas. Sé curioso, ese es mi consejo.»

No. Stephen Hawking no terminó estudiando Medicina como todo el mundo esperaba. Una vez más, una curiosa casualidad condicionó su vida. La familia Hawking era muy inteligente y (permíteme que te lo diga en confianza) también un poco rara. A la hora de cenar, por ejemplo, se reunían todos en torno a la mesa pero no hablaban mucho entre ellos. Cada uno andaba con un libro, un periódico o una revista. Leían y estudiaban mientras comían. Había poco espacio para el juego y la broma. El padre de Stephen quería que su hijo mayor estudiase en la prestigiosa escuela de Westminster. Pero era un centro muy caro. Así que Stephen debía obtener una beca de estudios para ayudar a la economía familiar. Stephen estudió mucho para obtenerla pero el día del examen de admisión, con 13 años, se puso enfermo. Perdió la beca y la oportunidad de ir a Westminster. Puedes imaginar el disgusto que provocó eso en la familia.

Hawking pronto demostró que era capaz de superar cualquier contratiempo. Además, no entrar en Westminster le sirvió para conocer a un grupo de amigos apasionados por los aviones, los barcos, la ingeniería y los juegos de mesa. Eran unos auténticos locos de la ciencia. Tanto que incluso fueron capaces de construir un pequeño ordenador doméstico a partir de piezas sueltas de relojes y un teléfono con trozos reciclados de otras máquinas.

⚛ Sin esfuerzo

Stephen Hawking calculó el número de horas que dedicó al estudio durante sus tres primeros años en Oxford. Fueron poco más de mil horas. Es como si hubiera dedicado solo 41 días a estudiar durante tres largos años. Su mente era capaz de retener los conceptos casi sin esforzarse.

Se mire como se mire, mi amigo Stephen no era un tipo normal. Siempre hacía las cosas a su manera y su manera solía ser diferente a la de los demás. Por ejemplo, se empeñó en estudiar Matemáticas, pero quería que fuera en la Universidad de Oxford. ¿Problema? Que el año en el que se inscribió en Oxford no impartían esa materia. Todo el mundo le recomendó que esperara un año más y tuviera paciencia, pero Stephen no hizo ningún caso y se matriculó en Física y Química.

Durante los dos primeros cursos, se aburrió como una ostra. Consideraba que los estudios eran ridículamente fáciles. Mientras todos los compañeros se esforzaban en aprobar los exámenes con gran

dificultad, él aprendía las materias fácilmente. Y como no necesitaba tanto tiempo para estudiar, pasaba muchos ratos a solas.

Por fortuna, Stephen comprendió que tenía que relacionarse con los demás. Se apuntó a clases de música, a talleres de ciencia ficción y al equipo de remo de la universidad. Disfrutó muchísimo y hay quien dice que fueron los años más felices de su vida. Allí aprendió algo más que ciencia: que para ser plenamente feliz hay que saber convivir con los demás y comunicar lo que uno sabe. De hecho, Stephen Hawking se convertiría más adelante en el científico que mejor supo contar al mundo sus conocimientos.

⚛ Fred Hoyle, el equivocado

Fred Hoyle era uno de los mayores expertos del mundo en la teoría de la relatividad pero se equivocó al rechazar la teoría del Big Bang. Cuando Stephen se matriculó en la Universidad de Cambridge para terminar su carrera, intentó que Hoyle le admitiese como alumno. Hoyle consideró que aquel joven no sabía suficientes matemáticas. Con el tiempo Hawking le demostraría lo equivocado que estaba.

⚛ La teoría del Big Bang

El Big Bang explica que todas las estrellas y planetas del universo nacieron después de una explosión hace miles de millones de años en un espacio tan pequeño como una cuchara de café.

Pero ¿qué es lo que estudiaba aquel joven? En realidad una de las asignaturas más difíciles de estudiar del mundo: física teórica. En la universidad, casi todo lo que aprendes puede ser comprobado de algún modo en un laboratorio. Para experimentar con la química puedes utilizar probetas, líquidos, sustancias, gases… mezclarlo todo y verificar que las leyes de esta ciencia funcionan. Pero hay algo que no puedes meter en un laboratorio: el cosmos. Para estudiarlo tienes que usar la imaginación y las matemáticas.

Por ejemplo, si observas que las estrellas se alejan unas de otras sabemos que en realidad un día estuvieron juntas y que se han ido separando. Como puedes medir la velocidad a la que se alejan, también puedes calcular cuánto tiempo llevan alejándose. Es como si vieras un globo que se infla y sobre el que caminan unas hormigas. A medida que el globo crece, las hormigas se separan. Al principio, las hormigas podían tocarse, cuando el globo se ha hecho enorme ni siquiera una sabe que al otro lado hay una compañera.

Stephen era un ávido lector de científicos como Albert Einstein y le gustaba explicar las ideas de esos científicos con historias y cuentos. Yo recuerdo todavía algunas de ellas. ¿Sabes que el cosmos es como una gran colchoneta elástica? Imagina que estás saltando sobre ella con tus amigos. Saltan todos a la vez pero los chicos y chicas que pesan más provocan un agujero mayor en la colchoneta. Y, de vez en cuando, los más delgaditos terminan cayendo en ese agujero. Es como si los cuerpos más pesados atrajeran a los más ligeros.

Así funciona exactamente el universo. Las estrellas más grandes provocan un hueco en el espacio y atrapan en él a los astros más pequeños. Las estrellas más gordas que existen se llaman agujeros negros. Son tan pesadas que el hueco que hacen en su «parte de colchoneta» es inmenso y todo lo que pasa cerca de él queda atrapado dentro, incluso la luz.

Stephen quedó fascinado por el estudio de los agujeros negros y decidió dedicar parte de su vida a tratar de entenderlos mejor.

No te caigas en este agujero

Los agujeros negros se forman cuando una estrella muy grande llega al final de su vida, se queda sin combustible y explota. Cuando se enfría, empieza a contraerse y a concentrar toda la materia en un espacio muy pequeño.

Fabrica un agujero negro

Coge un trozo de plastilina. No pesa nada, ¿verdad? Ahora añade otro trozo y apriétalo fuerte. Y otro más y otro más. Si lo aprietas mucho, tendrás una bola muy pequeña pero más pesada que la original. Has fabricado un pequeño agujero negro.

⚛ El mal del bateador

En España hay tres personas cada día diagnosticadas de ELA, una enfermedad que en Estados Unidos se conoce como la enfermedad de Lou Gehrig, un famosísimo jugador de béisbol que tuvo que abandonar el deporte cuando enfermó.

Stephen estaba feliz con sus matemáticas y sus estudios sobre agujeros negros y el origen del universo cuando ocurrió el acontecimiento más importante de su vida. Empezó a notar sensaciones raras en su cuerpo. Un día sentía que sus manos tenían menos fuerza de lo normal. Otro día se cansaba extraordinariamente al subir las escaleras. Empezó a notar que a veces se le caían las cosas sin darse cuenta, que le temblaban las rodillas. En ocasiones tropezaba y caía al suelo sin más. ¿Cómo podía ser tan torpe?

En realidad, Hawking no era torpe, estaba empezando a padecer una terrible enfermedad. Le llevaron a un hospital para hacerle unas pruebas y allí le diagnosticaron ELA (Esclerosis Lateral Amiotrófica).

Esa enfermedad no tiene cura. Cuando a Hawking se la diagnosticaron le dijeron que, a lo sumo, le quedaban dos años de vida. ¡Qué equivocados estaban, en realidad Stephen vivió 54 años más!

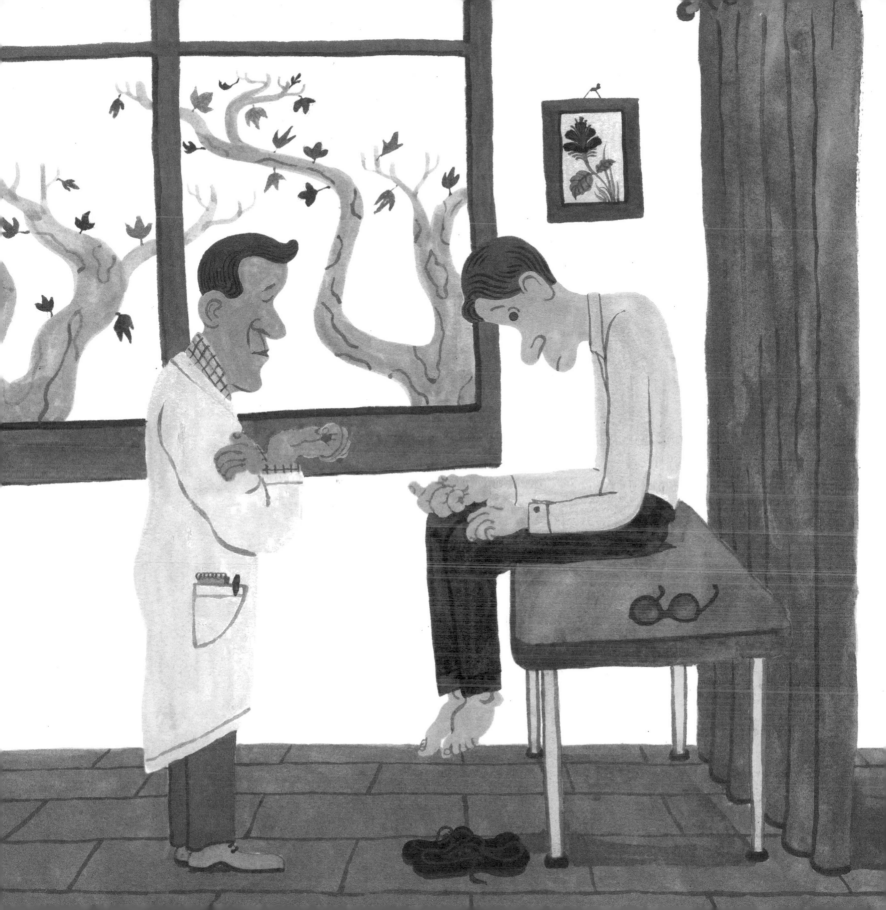

La terrible noticia de su enfermedad coincidió con otro acontecimiento: Stephen conoció a una chica. Se llamaba Jane. Jane se había fijado en él. Le llamó mucho la atención su forma de hablar del cosmos durante una fiesta de Año Nuevo en 1963.

Tiempo después, Jane me contó que en aquella fiesta mi amigo Hawking brillaba de un modo especial. Explicaba la ciencia con un gran sentido del humor y él mismo se reía de sus propios chistes, a veces incluso a carcajadas que se oían en toda la sala.

Se intercambiaron las direcciones (recuerda que en aquella época no existía el *whatsapp*) y unos días más tarde, recibió una carta de aquel chico risueño para invitarla a la fiesta de su 21° cumpleaños. Lo pasaron tan bien que a Jane le extrañó que, después de la fiesta, Stephen no intentase quedar de nuevo con ella.

Semanas después una amiga le habló a Jane de Stephen. «¿Te has enterado? Está en el hospital muy enfermo.» Impactada por la noticia, Jane pensó que no volvería a verle jamás.

Por eso, cuando un día se encontró con él en una estación de tren, Jane se emocionó. En ese momento, se dio cuenta de que se había enamorado. Poco tiempo después, Jane y Stephen se casaron.

«La vida sería un horror si nosotros no fuéramos divertidos.»

Mientras tanto, Stephen Hawking empezó a hacerse un hueco entre los investigadores del universo. Sobre todo porque eligió una de las áreas más difíciles para continuar sus estudios: quería encontrar una teoría que lo explicara todo. ¿Todo?

Durante miles de años el ser humano ha querido saber por qué las cosas son como son. ¿Cómo nace una montaña? ¿Por qué sopla el viento? ¿Por qué sale la Luna de noche y el Sol de día? ¿Qué hace que el agua sea blanda? En todo este tiempo, las diferentes ciencias han tratado de responder a estas preguntas. La física explica, por ejemplo, por qué las piedras son duras o qué provoca el movimiento de la Luna.

La química investiga por qué el azúcar es dulce o por qué de la madera quemada sale humo. La biología estudia el comportamiento de los seres vivos, la medicina intenta curarlos…

Pero ¿habría una ciencia que lo explicara todo? ¿Una ley que sirviera para entender cómo funciona el movimiento de las alas de las mariposas y, a la vez, la formación de agujeros negros? Los científicos modernos están un poco obsesionados con esa posibilidad. En realidad yo creo que son un poco vagos y lo que quieren es que con una sola teoría se pueda entender todo el cosmos. Pero esa teoría no existe.

Nacido en 1643 en Inglaterra, su obra más importante es *Principia*, donde explicó la ley de la gravitación universal. También formuló leyes de astronomía con una teoría sobre el origen de las estrellas. Newton fue el primer físico en demostrar que las leyes naturales que gobiernan el movimiento en la Tierra son las mismas que las que gobiernan el movimiento de los cuerpos celestes.

Fíjate: cuando los científicos buscan la «teoría del todo» se encuentran con una gran dificultad: el mundo de los elementos grandes funciona de manera diferente al mundo de los elementos microscópicos.

Te pondré el ejemplo que me puso un día mi amigo Stephen. ¿Sabes jugar al billar? Seguro que alguna vez lo has intentado. Verás que, según la fuerza con la que golpees la bola blanca con tu taco, pasarán cosas diferentes. Cuando adquieres un poco de práctica, eres capaz de adivinar hacia dónde va a ir una bola. Eliges el ángulo, la fuerza, la velocidad, el efecto y, ¡zas!, la bola termina yendo donde tú quieres. Y ocurre siempre, aunque juegues en una mesa diferente. Eso es porque hay unas leyes físicas que funcionan por igual en todas las mesas de billar: el peso de las bolas, la fricción del tapete, la fuerza del impacto, el rebote, el material del que están compuestas las bolas, etcétera.

Esas leyes, que se basan en descubrimientos de un tal Isaac Newton hace cientos de años, sirven para explicar todo lo que ocurre en el mundo físico grande: el comportamiento de las bolas de un billar, el movimiento de la Tierra alrededor del Sol, el choque de dos galaxias más grandes que la nuestra… todo.

Pero cuando pensamos en el mundo más pequeño, esas leyes no funcionan. Por ejemplo, si miras por un microscopio muy potente una bola de billar, verás que está hecha de millones de bolitas más pequeñas: son las partículas. Todo lo que existe está hecho de partículas. Seguro que tú conoces el nombre de algunas de ellas, o al menos te suenan: átomos, electrones, protones, neutrones, quarks...

Estas partículas también chocan entre sí como las bolas de billar, pero en su caso siguen leyes físicas diferentes. Si jugases al billar con partículas aplicando las leyes que usas con las bolas grandes, no darías ni una.

¿Por qué? ¿Por qué no funcionan igual las bolas grandes que las pequeñas?

Esta pregunta vuelve locos a los científicos y todavía no han sido capaces de responderla. Sería fantástico poder explicar todo el universo con una sola ley que sirviera para lo grande y para lo pequeño, ¿verdad?

⚛ **Einstein y Planck**

El universo grande se rige por unas leyes que no funcionan en el universo pequeño. El mundo de lo «grande» fue muy bien explicado por Albert Einstein y su Teoría de la Relatividad. Pero esa teoría no sirve para nada si tratas de explicar cómo funcionan las partículas más pequeñas. En ese caso tienes que acudir a lo que se llama física cuántica, una teoría propuesta por un físico alemán llamado Max Planck.

⚛ *Una breve historia del tiempo*

En 1988 Stephen Hawking publicó un libro llamado *Una breve historia del tiempo* en el que contaba algunas de sus ideas sobre el universo. El libro tuvo muchísimo éxito, se vendieron millones de ejemplares y se convirtió en el libro de ciencia más famoso del mundo.

⚛ *Best sellers*

Los libros que más éxito tienen son los que más ejemplares venden. Cuando tú escribas un libro querrás que mucha gente lo compre y lo lea. Los más vendidos de un país se llaman *best sellers*.

A Stephen no le detenía nada. Sus dificultades para moverse no le impidieron sacar a bailar a su novia. Y, como científico, el lío de las diferentes teorías para explicar el universo lo animaron a buscar la teoría que lo explicara todo. Así que se puso a trabajar y se empeñó en encontrarla. Estudió, estudió, estudió. Buscó sin parar la «teoría del todo». Y, siento estropearte el final de la historia, no la encontró. Se murió sin saber si existe. Quizás porque no sea posible. Pero por el camino fue capaz de encontrar un montón de bellísimas ideas para explicar muchos misterios del universo.

Son teorías extrañas, incluso los científicos más eminentes tienen dificultades para entenderlas, pero han servido para que millones de personas en todo el mundo se interesen por la ciencia y se sientan atraídas por el universo. Gracias a las teorías de Stephen Hawking hoy observamos el cielo con otros ojos. Y, por cierto, gracias a sus ideas mucha gente ha querido estudiar astronomía. Los libros en los que las plasmó se convirtieron en auténticos *best sellers*.

⚛ Las voces del universo

Los humanos podemos diferenciar a las personas por su voz. Las estrellas, las galaxias y los planetas no tienen voz pero emiten radiación. Esa radiación puede ser de muchas maneras: luz, ondas de radio, rayos X, rayos gamma... Los científicos tienen telescopios que detectan esa radiación y pueden saber si el objeto que la emite está lejos o cerca, si es una estrella o una galaxia, su edad o su tamaño.

Ha llegado el momento de que te cuente las difíciles y extrañas teorías de mi amigo Stephen. Parece sencillo resumirlas, pero te aseguro que a él le costaron años y años de trabajo.

Lo primero que estudió Hawking fue la naturaleza de los agujeros negros. Como ya te he explicado, estas estrellas tan grandes atrapan todo lo que cae cerca de ellas y no dejan escapar ni la luz. Es por eso por lo que son tan difíciles de estudiar. Nosotros observamos el cosmos a partir de la radiación que emiten los astros. Nos llega la luz del Sol o las ondas de radio procedentes de una estrella y entonces sabemos que está ahí.

Pero si un agujero negro no emite ningún tipo de señal, ¿cómo sabemos que existe? Y, sobre todo, ¿cómo podremos analizarlo? Hawking descubrió que, cuando dos partículas entrelazadas caen en una de esas estrellas gigantes, una de ellas se puede escapar y sale disparada a toda velocidad. A estas partículas que escapan del agujero negro, Stephen las llamó *radiación de Hawking*.

Es como si agarraras de la mano a un amigo y empezaras a dar vueltas a lo loco. Seguro que se soltaría de tu mano sin querer y saldría disparado.

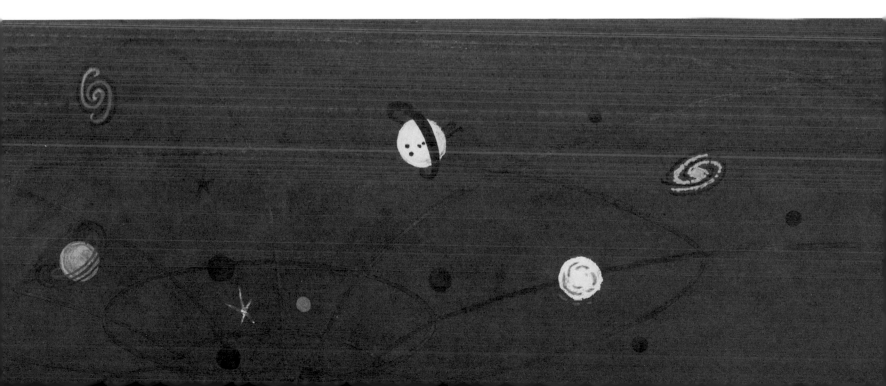

Pero entonces se preguntó lo siguiente: si estos agujeros negros hacen que toda la materia caiga en ellos y se comprima, ¿qué ocurrirá en su interior?

Imagina un cubo de basura que tritura todo lo que echas en él. Llegará un momento en que se llenará y aun así el cubo seguirá triturando. La basura se deshace en trozos más y más pequeños pero tú sigues tirando cosas. Cada vez más materia triturada… ¿hasta cuándo? Hawking pensó que dentro del agujero negro pasaban hechos inexplicables, fenómenos que no pueden ser definidos por las leyes de la física y los llamó *singularidades*.

Y aquí es donde surgió la idea más chula de Stephen Hawking porque pensó que toda la materia del cosmos, las estrellas,

los planetas, las plantas, ¡todo!, formó parte de una singularidad en el pasado. El cosmos entero estaba metido en un espacio más pequeño que tu dedo meñique, apretado dentro de esa singularidad horrible. Hasta que toda la materia no aguantó más y explotó. Así nació el universo hace miles de millones de años.

Mi amigo a veces me ponía un ejemplo un poco asqueroso: imagina que has comido demasiada pizza y se está acumulando en el estómago. Allí la digestión no es suficiente para deshacerse de toda esa masa apretada. La masa se va a escapar y terminas vomitando. Un montón de trocitos de pizza salen de tu boca en todas las direcciones (¡qué asco!).
El universo nació de un gran vómito de materia que desperdigó millones de trocitos (estrellas) por todas partes.

Es fácil comprender por qué Stephen era un tipo tan peculiar. Sus ideas eran raras y las contaba con mucha gracia. Aun así, tenía todo el respeto de la comunidad científica porque todo lo que decía solía estar basado en datos físicos muy rigurosos y en muchas, muchas fórmulas matemáticas.

Mientras tanto, su salud empeoraba. Hawking se quedó sin movimiento en las piernas y tuvo que empezar a ir en silla de ruedas. Se cuenta que era tan alegre que incluso hacía carreras con su silla por las calles de Cambridge. Luego perdió el movimiento en los brazos. Para desplazarse manejaba su silla de ruedas con un *joystick* atado a la mano. Pero la cosa iba de mal en peor. Comenzó a necesitar una máquina para respirar y, cuando ya no podía hablar, entré yo (su nueva voz artificial) en su vida.

El único movimiento que le quedaba era el de los ojos.
Así que inventaron un sistema para detectar a dónde estaba
mirando. Le ponían un ordenador delante con letras y él
miraba las letras que quería escribir. Y yo las leía por él y me
hice famoso en el mundo entero.

¿Acaso crees que esa enfermedad le quitó las ganas de hacer
cosas? Pues todo lo contrario. Stephen siguió estudiando, tuvo
hijos, participó en películas, escribió libros e incluso viajó al
espacio. Porque con su silla y todo logró subirse a un avión de
la NASA y salir de la atmósfera para experimentar en su cuerpo
la falta de gravedad. Era todo un genio pero, sobre todo, un
hombre con unas ganas enormes de aprender y de vivir.

El protagonista

1942

El 8 de enero nace Stephen William Hawking en Oxford, en plena Segunda Guerra Mundial.

1962

Con veinte años se gradúa en Física y empieza a estudiar cosmología en Cambridge.

1963

Le diagnostican una enfermedad terrible: Esclerosis Lateral Amiotrófica. Le aseguran que solo le quedan dos años de vida.

1965

Se casa con Jane Wilde, con la que tendrá tres hijos. Veinticinco años más tarde, la pareja se separará.

1974

Con 32 años se convierte en el miembro más joven de la Royal Society de Londres, la institución científica más prestigiosa de su país.

Otros genios de la ciencia

355—415

Hipatia
La gran maestra de Alejandría

1643—1727

Isaac Newton
El poder de la gravedad

1815—1852

Ada Lovelace
La primera programadora de la historia

1856—1943

Nikola Tesla
El mago de la electricidad

1977

Es nombrado profesor de matemáticas y físicas en la Universidad de Cambridge, puesto que ocupará durante treinta años.

1985

Pierde la capacidad para hablar y empieza a utilizar un ordenador para reproducir su voz.

1988

Publica el libro *Una breve historia del tiempo*. Se convierte en el libro de ciencia más famoso del mundo.

2007

Viaja en un avión de gravedad cero para experimentar qué se siente en el espacio.

2018

El 14 de marzo, Stephen Hawking muere.
A pesar de su enfermedad, vivió hasta los 76 años y llenó su vida de experiencias.

1867—1934

Marie Curie
El coraje de una científica

1910—1997

Cousteau
El descubridor de los mares

1934

Jane Goodall
La mejor amiga de los chimpancés

1942—2018

Stephen Hawking
La estrella más brillante de la ciencia

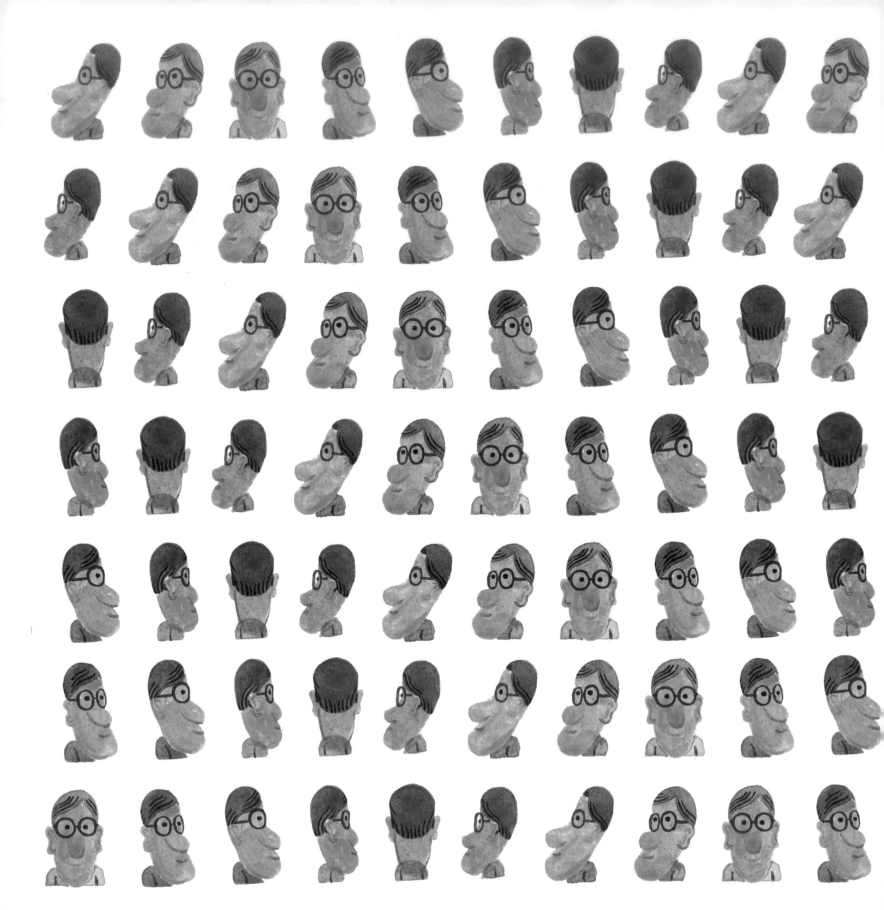